BEI GRIN MACHT SICH IHR
WISSEN BEZAHLT

- Wir veröffentlichen Ihre Hausarbeit,
  Bachelor- und Masterarbeit

- Ihr eigenes eBook und Buch -
  weltweit in allen wichtigen Shops

- Verdienen Sie an jedem Verkauf

Jetzt bei www.GRIN.com hochladen
und kostenlos publizieren

Bibliografische Information der Deutschen Nationalbibliothek:

Die Deutsche Bibliothek verzeichnet diese Publikation in der Deutschen National-
bibliografie; detaillierte bibliografische Daten sind im Internet über http://dnb.d-
nb.de/ abrufbar.

Impressum:

Copyright © 2006 GRIN Verlag, Open Publishing GmbH
Druck und Bindung: Books on Demand GmbH, Norderstedt Germany
ISBN: 9783640594627

Dieses Buch bei GRIN:

http://www.grin.com/de/e-book/146795/fritz-reuters-ut-mine-stromtid

Ulrike Hammer

Fritz Reuters "Ut mine Stromtid"

GRIN Verlag

GRIN - Your knowledge has value

Der GRIN Verlag publiziert seit 1998 wissenschaftliche Arbeiten von Studenten, Hochschullehrern und anderen Akademikern als eBook und gedrucktes Buch. Die Verlagswebsite www.grin.com ist die ideale Plattform zur Veröffentlichung von Hausarbeiten, Abschlussarbeiten, wissenschaftlichen Aufsätzen, Dissertationen und Fachbüchern.

Besuchen Sie uns im Internet:

http://www.grin.com/

http://www.facebook.com/grincom

http://www.twitter.com/grin_com

Christian-Albrechts-Universität zu Kiel
Sommersemester 2006
Philosophische Fakultät
Germanistisches Seminar/ Niederdeutsche Abteilung
Übung: Fritz Reuter

Referatsausarbeitung
Fritz Reuters „Ut mine Stromtid"

Ulrike Hammer

Hauptfach: Neuere dt. Literatur- und Medienwissenschaft   8. Fachsemester

1. Nebenfach: Ältere dt. Literatur- und Sprachwissenschaft   8. Fachsemester

2. Nebenfach: Philosophie   8. Fachsemester

Inhaltsverzeichnis

1. Vorwort

Wenn man auf Reuters Schaffen bis zum Anfang der sechziger Jahre zurückblickt, ist unschwer erkennbar, dass sein Meisterwerk ‚Ut mine Stromtid', keine plötzliche, zufällige Eruption ist, sondern das Ergebnis eines langsamen Reifungsprozesses. Seine landwirtschaftliche Lehrzeit auf mecklenburgischen Gütern hatte ihm das Rohmaterial dazu geliefert. Reuter versuchte schon Ende der 40er Jahre das Ganze zu einem hochdeutschem Roman auszuformen, jedoch vergeblich, es blieb bei einem Fragment („Herr von Hakensterz und seine Tagelöhner"). Erst in Neubrandenburg löste er sich von der einseitigen agrarökonomischen Betrachtungsweise und machte sich mit der mecklenburgischen Geschichte vertrauter, dass lenkte seinen Blick auf überregionale Probleme.

Die Arbeit an der Stromtid zog sich von Anfang 1862 bis 1864 hin, der Roman wurde somit in Neubrandenburg begonnen und erst in Eisenach beendet. Zuerst war der Umfang des Romans auf zwei Bände geplant. Der Erfolg der vorigen Bücher hatte die Grundlage für ein so großes Unternehmen erst geschaffen: Reuter hatte nun materielle Sicherheit, innere Ruhe, und war frei von den Fesseln der Tagesschriftstellerei. Das deutsche und – nach Übersetzungen – auch das europäische Bürgertum machten die „Stromtid" zum meistgelesensten Prosawerk seiner Zeit

2. Inhalt

"Ut mine Stromtid" erschien in drei Teilen und stellt eine umfassende Schilderung der dörflich-kleinstädtischen Verhältnisse Mecklenburgs dar. Es gilt neben "Kein Hüsung" als das bedeutendste Werk Reuters. Die Handlung der drei Romanteile erstreckt sich über zwei Jahrzehnte (1829-1848).

Reuter beschreibt verschiedene, nah beieinander gelegene Ortschaften, die im Südosten Mecklenburgs gelegen sind. Drei Gutsdörfer mit unterschiedlichem Status: 1. Domanialpachtung mit großbäuerlichem Zuschnitt, Rexow; 2. größeres Rittergut mit bürgerlichem Besitzer, Gürlitz;   3. größeres Rittergut mit adligem Besitzer, Pümpelhagen. Diese Orte findet man nicht auf der Landkarte, sie sind vom Autor erfunden in Namen und Zuordnung, er will sie aber als seiner eigenen Heimat angehörig sehen. Der vierte Schauplatz ist Rahnstedt, was unschwer als Stavenhagen zu erkennen ist, denn in der Stromtid erscheinen viele Bürger mit Namen, die Reuter aus seiner Heimatstadt bekannt waren. An einer Stelle wird auch das Bauerndorf Gülzow genannt, das ganz in der Nähe von Stavenhagen liegt.

Die Handlung bewegt sich zwar vor allem im dörflich-kleinstädtischen, erhebt aber Anspruch auf allgemein-gültige menschliche Lebensnormen der Zeit. Die gestalterische Verknüpfung der verschiedenen Lebensbereiche unterscheidet die Stromtid schon äußerlich von Reuters früheren Werken. In ‚Kein Hüsung' waren die Figuren auf Landarbeiter beschränkt und wurden scharf vom privilegierten Stand abgegrenzt. In der ‚Franzosentid' gibt es fast ausschließlich mittelständische Akteure.

2.1 Buch 1 (Kapitel 1 - 13)

2.1.1 Kapitel 1-3

In die Zeit um das Jahr 1829 bettet Reuter den Anfang seines Buches. Durch den Wegfall der Kontinentalsperre geht es den Landwirten seit Jahren nicht gut, da der ausländische Weizen den Markt überschwemmt.

Die Erzählung beginnt mit dem Konkurs des Pächters Karl Hawermann, der ein kleines Gut vom Großgrundbesitzer Pomuchelskopp zu sehr hohem Pachtzins gepachtet hatte. Hawermann kann den Pachtzins nicht termingerecht zahlen und somit wird seine gesamte Habe, das Vieh, die landwirtschaftliche Geräte und der Hausrat versteigert. Gerade zwei Tage vorher ist seine Frau an Krankheit gestorben. Nun bleibt ihm nur seine 2-3 Jahre alte Tochter Luise, mit der er sich auf den Weg nach Rexow, zu seiner Schwester Dürten, die Frau von Pächter Jochen Nüßler, macht. Dort will er sein Leben wieder in Ordnung bringen. In Rexow angekommen trifft Hawermann auf seinen alten Freund Bräsig, auch ein Gutsinspektor auf einem gräflichen Gut in der Nähe und Freund und Berater des Hauses Nüßler. Für die Zwillingstöchter der Nüßlers Lining und Mining ist er ‚Unkel Bräsig', ihr Helfer bei allen kleinen Nöten.

Bräsig ist tief betroffen vom Schicksal seines Freundes, aber er weiß gleich Rat. Der Kammerrat von Rambow, auf dem Nachbargut Pümpelhagen sucht einen Inspektor, gleich am nächsten Tag gehen beide dorthin und Hawermann bekommt die Stelle, somit ist seine Existenz gesichert.

Hawermann sucht nun noch Pflegeeltern für sein Töchterchen, da er sie aufgrund der alten Nüßlers nicht bei seiner Schwester lassen kann, die Alten sind ‚steinspöttisch' und ‚nehrig' und Hawermann will seiner Schwester das Leben nicht noch schwerer machen.

> *„Ich weiß's recht gut, worüber sie judizieren un ruminieren;* **die** *Art höre ich schon auf hundert Schritten laufen, denn ich kenne ihr, Un Korl",* [...] *„s'is am besten, du krigst allens gleich zu wissen, dass du dich darnach haben kannst: Sie reden von dir un das Kleine."*
>
> (Kap. 2)

Auch hier weiß Bräsig Rat und nimmt Hawermann mit zum Kirchdorf Gürlitz, wo Pastor Behrens und seine resolute Frau im Pfarrhause wohnen, sie sind kinderlos und als gute Pflegeeltern prädestiniert. Der Pastor hat Hawermann und Bräsig früher Privatstunden erteilt, und er und seine Frau nehmen die kleine Luise mit Freuden auf.

Die ersten drei Kapitel kann man als eine geschlossene Erzählung auffassen, als Einleitungskapitel für das dreiteilige Buch mit 47 Kapiteln.

2.1.2 Kapitel 4 - 13

Es folgt ein großer Zeitsprung von elf Jahren: *Up den Schlag be de Mähl stunn äwer Johr wedder Bratweiten,*(Brachweizen) *as in dat Johr, in dat Hawermann up dat Gaud tautrecken ded. In elben Släg' lagg dat Gaud; elben Johr wiren also sörre de Tid vergahn.* Reuter beschreibt aber im Rückblick was passiert ist: Hawermann war erfolgreich tätig und ist auch immer noch bei der Arbeit. Der Sohn des Kammerrat, der 11jährige Axel von Rambow ist mittlerweile Kürassierleutnant und muss sich langsam mit dem Gedanken an die Nachfolge seines Vaters auseinandersetzen, da dieser schon sehr alt geworden ist. Aus den drei Mädels (Lining, Mining und Luise) sind mittlerweile sittsame Konfirmandinnen geworden. Jochen Nüßler ist zum Herrn der Pachtung aufgestiegen, nachdem seine Eltern gestorben waren.

Dem Kammerrat rücken trotz der erfolgreichen Gutsbewirtschaftung von Pümpelhagen die Schulden auf den Hals und da kreuzt als neuer Besitzer von Gürlitz Pomuchelskopp auf, er konnte sich wegen seiner Leuteschinderei auf seinem alten Gut nicht mehr halten, sagen die Leute. Hawermann warnt den Herrn von Rambow vor Geschäftsverbindungen mit ihm. Zwei junge Leute kommen nach Pümpelhagen und werden Hawermann als Wirtschaftseleven zugewiesen: der Apothekersohn Fritz Triddelfitz aus Rahnstedt, eine Neffe der Frau Behrens und Franz von Rambow, einen Vetter von Axel von Rambow.

Der alte Herr von Rambow stirbt und hinterlässt drei unverheiratete Töchter und seinem Sohn Axel das Gut Pümpelhagen, dessen Bewirtschaftung er erst noch lernen muss. Pomuchelskopp sieht seine Chance und tut sich mit ,Notorius Slus'uhr' und dem jungen jüdischen Händler David zusammen, der leider nicht die soliden, ehrlichen Geschäftsprinzipien seines ehrbaren Vaters Moses vertritt. Axel von Rambow gerät wenig später in Geldnöte und findet „Verständnis und Hilfe" bei seinem Nachbarn Pomuchelskopp. Triddelfitz und Franz beginnen um das Herz und die Hand von Luise zu werben. Da Triddelfitz jedoch eher ein Draufgänger ist, wird er von seiner Tante und Bräsig, der mittlerweile in den Ruhestand getreten ist und sich den Angelegenheiten der Familie Nüßler und seines Freundes Hawermann widmet, gestoppt.

Das 12. Kapitel „Dat Rangdewuh in'n Watergraben" wird am häufigsten von Reuter-Rezitatoren vorgetragen: Rudolf Kurz und Gottlieb Baldrian, zwei Kandidaten der Theologie, ziehen für einen längeren Aufenthalt bei den Nüßlers ein um sich auf das Schlussexamen vorzubereiten.

2.2 Buch 2 (Kapitel 14 - 30)

Die junge Frau Frida von Rambow zieht zusammen mit ihrem Mann Axel auf Pümpelhagen ein, diese Begebenheit wird von Bräsig als triumphaler Einzug über 2 Kapitel geschildert.

Un nu kemen sei an; un Hawermann tred an den Wagen un säd en por Würd', so as sei em ut den Harten in de Mund kemen, und dat klore Og von de junge Frau strahlte so hell up dat witte Hor von den ollen Mann, as wir't en Sünnenstrahl, de warmen will, un ihre sick Axel dat versach [...] reckte sei em de Hand entgegen un mit desen Handdruck würd ne Fründschaft slaten, ahn dat einer dat wüßt un einer dat säd [...]. (Kap. 15)

Axel von Rambow beginnt seine Tätigkeit auf Pümpelhagen, stellt sich jedoch als sehr ungeschickt heraus. Er mischt sich in die Bewirtschaftungsweise von Hawermann ein, während sich weitere Verschuldungen gegenüber dem Kleeblatt (Pomuchelskopp, Slus'uhr und David) ankündigen.

Auf dem Rexowschen Gut haben sich mittlerweile, unter Mithilfe von Bräsig, Lining und Gottlieb und Mining und Rudolf verlobt.

„Willst du, Mining, willst du?" Un ut Mining ehre Ogen floten die Tranen, un Rudolf küsste sei ehr as, hir und dor, ümmer de Backen dal bet up den roden Mund, un Mining läd ehren lütten, runnen Kopp an sine Bost, un as hei ehrt Tid taum Reden gaww, flusterte sei sachten, sei wull, und hei küsste se wedder un küsste sei ümmer wedder, un Bräsig rep halwlud ut den Bom: „Das halt aber der Deuwel aus! Macht fixing zu!" (Kap. 18– Kirschbaumszene)

Rudolf, der durch eine gestohlene Predigt einen kleinen Skandal in Rahnstedt ausgelöst hat, gibt das ungeliebte Theologiestudium auf und geht zum Landwirt Hilgendorf um praktische Landarbeit zu erlernen. Hiermit erinnert Reuter an seinen eigenen Berufsweg, vom Jurastudium zur Landwirtschaftslehre. Rudolf heiratet später Mining und übernimmt das Gut seines Schwiegervaters.

Mittlerweile ist es Beginn der 40er Jahre, die Landwirtschaft hat sich weitgehend erholt und auch in Pümpelhagen wäre es bei besserer Wirtschaftsführung möglich gewesen die wirtschaftliche Lage zu sanieren, aber Axel von Rambow wirtschaftet gegen Hawermann und will auch gegen dessen Einspruch eine Vollblut-Pferdezucht einrichten, das Geld dafür leiht ihm sein Nachbar Pomuchelskopp, der ihm dieses Projekt auch eingeredet hat. Somit treibt Axel unaufhaltsam dem finanziellen Ruin entgegen. Hinzu kommt, dass 2000 Taler verloren gehen, weil er einen unzuverlässigen Tagelöhner mit dem Geld zum Gläubiger nach Rostock geschickt hatte, und dieser es angeblich gestohlen hat. Diese Kriminalgeschichte hat ihren Höhepunkt als Axel von Rambow ungerechtfertigt – von Pomuchelskopp initiiert – Hawermann verdächtigt, an der Unterschlagung der 2000 Taler beteiligt gewesen zu sein.

Hawermann, der sich in seiner Ehre gekränkt fühlt, geht auf Axel los, verletzt ihn dabei und verlässt das Gut in Groll und Verbitterung.

„Halunk!" rep hei un sprung up Axeln in, de taurügg treden was, as hei dat Arbeiten in em sach. [...] Axel grep in de Eck, dor stunn en Gewehr. „Halunk!" rep de Oll, „din Gewehr un min ihrliche Namen!" un't gaww nu en Wrangen un Bräuschen üm dat Gewehr, de Oll hadd't baben bi den Loop fat't un wull't em ut den Hand winnen. – Bautz! Gung de Schuß los. – „Herre Jesus!" rep Axel un föll rügglings gegen den Sofa dal; [...] (Kap. 30)

Inzwischen ist Pastor Behrens gestorben und die Witwe und Luise sind in ein kleines Haus in Rahnstedt gezogen. Ins Gürlitzer Pfarrhaus sind inzwischen Gottlieb und Lining als junges Pastorehepaar gezogen. Pomuchelskopp hatte auch auf den Pastoracker des Gürlitzer Pfarrhauses sein Auge gelegt, hier machten ihm jedoch Lining und Bräsig einen Strich durch die Rechnung.

Bräsig versucht derweil Hawermann, der inzwischen zu seiner Tochter und Frau Behrens in die Stadt gezogen ist, auf andere Gedanken zu bringen, leider ohne Erfolg. Über den Abgang von Hawermann aus Pümpelhagen kursieren die wildesten Gerüchte, sein Ruf ist zerstört.

Franz von Rambow, der vorübergehend in Frankreich weilt, hat brieflich bei Hawermann um die Hand seiner Tochter Luise angehalten, Hawermann weiß jedoch nicht ob er bei seinem zerstörten Ruf diesen Antrag annehmen soll. Luise stimmt traurigen Herzens zu, dass sie aufgrund dessen den Antrag ablehnen muss.

2.3 Buch 3 (Kapitel 31 - 47)

Der III. Teil der Stromtid stand unter dem Stern mancherlei Störungen: Umzug nach Eisenach, Reise nach Konstantinopel und der Tatsache, dass er Neubrandenburg ungern verlassen hat und allen versprach nach 2 Jahren zurückzukehren – das alles führte dazu, dass der 3. Teil erst im August 1846, fast 1 Jahr nach dem Umzug erschien.

Auf Pümpelhagen wird die wirtschaftliche Lage immer schlimmer, es folgt das Jahr 1846, ein schlechtes Jahr für die Landwirtschaft und Axel von Rambow gerät immer mehr in die Abhängigkeit seines Gläubiger-Triumvirats, so dass er sogar seine Schwestern um ihren Erbteil bittet, von dessen Zinsen diese leben. 1848 folgt die Zeit der Reformvereine und Bräsig fällt in dem in Rahnstedt gegründeten eine führende Rolle zu. Pomuchelskopp war dem gleichen Verein beigetreten und versucht auf einer Sitzung die Versammlung davon zu überzeugen, das seine Tagelöhner es bei ihm so gut hätten. Bräsig widerlegt seine Behauptungen aber Wort für Wort und wird als der Held des Abends gefeiert.

[...]„das heißt, meine Herren, wegen der Armut in den kleinen Städten, denn unsere
Tagelöhner auf dem Lande, die kennen keine Armut." [...]
„Mitbürger ich hätte nichts nich sagt, denn ich halte es for ein Unpaßlichkeit für jeden
Ökonomiker und andern Menschen, wenn er die Tagelöhner gegen den Herrn aufhitzt; aber
wenn sich einer [...] auf diesem Altare der Bürgerlichkeit aufstellt, daß er die hiesige Reform
mit Lügen unter die Augen gehen, und sich weiß brennen und `ne falsche Einbildung von das
Glück seiner Tagelöhner in Ümswang setzen will, denn will ich auch mal reden. (Kap. 38)

Nun wird auch die Kriminalgeschichte wieder aufgenommen und ein Kapitel später auch zu einem guten Ende gebracht: Der Bürgermeister und sein gewählter Beisitzer, der „Akzesser" Bräsig bringen Licht in die Sache. Der Bote wurde im Rausch von einer Frau beraubt, die zuletzt auch ein Geständnis ablegte und sogar der größte Teil des Geldes ist noch vorhanden. Hawermanns Ruf ist nun wieder hergestellt und er erholt sich von seiner Depression. Frohen Herzens kann er nun auch den Antrag Franz von Rambows für seine Tochter annehmen.

Frau Nüßler und Frau von Rambow beginnen sich anzufreunden und Dürten bietet Frida ihre Hilfe an, falls es einmal nötig sein sollte. Da Lining und Gottlieb nur klein feiern konnten, da Pastor Behrens gerade gestorben, feiern Mining und Rudolf, der seine Landwirtschaftslehre nach 3 Jahren beendet hat, ihre Hochzeit nun in einem großen Fest.

Im 42. Kapitel folgt der Generalangriff von Pomuchelskopp und seinen Verbündeten auf Pümpelhagen. Axel von Rambow ist unterwegs um Geld aufzutreiben aber findet keine Freunde, seine Frau Frida ist indessen mit der kleinen Tochter allein zu Haus und wird nacheinander von Pomuchelskopp, Slus'uhr und David aufgesucht, die ihr alle mitteilen, das Pümpelhagen wegen hoher Verschuldung verkauft werden muss.

Zur selben Zeit sitzen die Tagelöhner und ihre Frauen zusammen und beraten sich wie sie Pomuchelskopp – den Menschenschinder – loswerden können. Hier beginnen sich die Ereignisse zu überstürzen. In Rahnstedt findet ein sogenannter Verbrüderungsball statt, auf dem Gutsbesitzer, Rahnstedter Bürger und Handwerker zusammen sitzen. Slus'uhr zieht auf diesem Ball über Bräsig her, dem dies zugetragen wird, er erscheint ebenfalls auf dem Ball und verhaut Slus'uhr mit seinem Spazierstock.

[...]„da in Nr. 3 sitzen welche zusammen, und der Notorjus und David monkieren sich über
Ihnen, indem daß sie allerlei Politisierung zum Vorschein bringen, [...]"
„welcher Halunke hat mir zum König von Frankreich machen wollen?" röp Bräsig, dat de
Kalk von de Wand föll, un de Krüzdurn wurd em as lewig in de Hand. „Ich will nicht König
von Frankreich werden!" – swabb! – satt den Krüzdurn den Notorjus mang de
Schullerbläder.

Pomuchelskopp, der mit seiner Familie auch auf dem Ball war, ist auf dem Weg nach Hause, als ihn die Tagelöhner von Gürlitz vorm Dorfeingang abfangen und ihm ankündigen, dass sie ihn nicht mehr länger als ihren Herrn anerkennen. Sie fordern den Kutscher auf zu wenden und begleiten die Kutsche zum Rahnstedter Rathaus, wo sie die Familie Pomuchelskopp beim Bürgermeister abliefern und mit diesem diskutieren und verlangen, dass nicht mehr Pomuchelskopp, sondern Güstawing, sein ältester Sohn, der immer anständig zu ihnen war, ihr neuer Gutsherr wird. Der Bürgermeister stimmt dem zu.

Frida von Rambow wird auch von ihren Tagelöhnern aufgesucht, sie beschweren sich über die momentanen Zustände, und ihre Behandlung durch Axel von Rambow, denn es ist schon soweit, dass die Familien Hunger leiden müssen. Frida will Klarheit schaffen, wenn ihr Mann wieder da ist, die Tagelöhner geben sich damit erst einmal zufrieden. Dann folgt aber ein Brief der Schwestern, dass Axel seit mehreren Wochen den Zins nicht gezahlt hat und sie nun nicht mehr wissen wie sie leben sollen. Voller Verzweiflung begibt sich Frida in einem Gewitter zu Dürten Nüßler, die ihr ja Hilfe angeboten hatte. Diese mobilisiert ihren Bruder Hawermann, der nun seine Ersparnisse, die von Bräsig, seiner Schwester und Frau Behrens bei dem guten Moses einsetzt um Pümpelhagen wieder flott machen zu können, Frida ist zwar beschämt darüber, aber der größte Druck fällt nun von ihr ab.

Am nächsten Tag kommt Franz von Rambow nach Rahnstedt und kann nun seine Luise in die Arme schließen, er ist mittlerweile Großgrundbesitzer geworden und kann so die Hilfe für seinen Vetter noch ausgestalten, gleichzeitig gibt er bei Moses auch eine Anzahlung für Gürlitz.

Axel von Rambow kommt nach Hause ohne Geld und er weiß keinen Ausweg mehr. Er will sich am Laubansee erschießen. Bräsig, der wegen den Ereignissen der Nacht nicht schlafen konnte, geht zum Angeln an den Laubansee, hier überrascht er Axel, schießt sein Magazin leer und wirft die Waffe ins Wasser. Dann erzählt er ihm, dass die Leute, die er in seinem dummen Adelsstolz verachtet hat, ihm in dieser Nacht geholfen haben. Axel gerät darüber in Selbstvorwürfe, Bräsig kann ihn jedoch beruhigen und nimmt ihm noch das Versprechen ab seiner Frau nichts von seinem Vorhaben zu erzählen.

Pomuchelskopp verkauft Gürlitz und hat das Interesse an der Landwirtschaft verloren, er zieht als Neureicher ("Fetthamel") mit seiner Familie nach Rostock.

Im letzten Kapitel kommt Reuter selbst mit den noch lebenden Personen seiner Stromtidhandlung nach 15 Jahren zusammen, er trifft sie alle an einem schönen Sonntag und sie kennen ihn natürlich alle. Mittlerweile sind einige gestorben: Moses, Jochen Nüßler, Frau Behrens und auch Bräsig, von dem er sich durch die posthume Schilderung der friedvollen Todesstunde seiner gelungensten Figur all seiner Werke verabschiedet.

Reuter schließt seinen Roman mit dem Hinweis, dass die genannten Ortsbezeichnungen seiner Phantasie entsprungen sind, aber dass die dort ansässigen Personen mit ihrem Wirken, Schaffen und ihren Hoffnungen überall zu finden sind.

Un nu mag woll noch männigein mit de Frag' kamen: Wo liggt den Pümpelhagen un Gürlitz un Rexow? – Je up de Landkort wardt ji sei vergews säuken, un doch liggen sei in unsern dütschen Vaterlan'n, un ick will hoffen, sei sünd mihr as einmal tau finnen. (Kap. 47 – Schlusswort Reuter)

3. Handlungsfäden

Im zweiten und dritten Buch laufen mehrere Handlungsstränge nebeneinander, sie sind verbunden durch die Beziehungen der Figuren. Neben einer Reihe von kleineren Episoden, die man nicht als Handlungsfäden bezeichnen kann (z.B. Rahnstedter Reformverein, Tagelöhner etc.) kann man vier Handlungsstränge beobachten.

3.1 Lining und Mining – Handlung

Lining und Mining werden dem Leser als Kleinkinder vorgestellt und es wird sofort eine starke Bindung an ‚Unkel Bräsig' offengelegt. Im Bezug auf ihre Bildung gibt es eine groteske Episode: Sie brauchen eine Schulmamsell, die erste arbeitet unpädagogisch, die zweite fing an die ganze Familie zu beherrschen, die dritte spielte nur mit den Kindern und die vierte war nervenkrank und hatte somnambulische Zustände. Im Endeffekt werden Lining und Mining zusammen mit Luise von Pastor Behrens unterrichtet und Frau Behrens eröffnet sogar eine Nähschule mit ihnen. Das groteske an dieser Episode ist, dass die Endlösung von Anfang an möglich gewesen wären.

Der Höhepunkt dieser Handlung ist im 18. und 19. Kapitel: Nach allerlei Wirrungen zwischen den beiden sind sie sich nun einig geworden über den personellen Gegenstand ihrer Zuneigung, wonach die sogenannte Kirschbaumszene folgt. Danach wird die Handlung erst wieder im 26. Kapitel aufgenommen, die erste Hochzeit. Die Darstellung ihrer Charaktere sowie ihre Freuden und Sorgen sind auf die zwillingsbedingte Nähe der beiden Mädchen untereinander zurückzuführen. Reuter stilisierte hier das Bild einer Zwillingsharmonie.

3.2 Luise-Franz – Handlung

Die ersten Anfänge der Handlung und der Beziehung zeigen sich am Christabend und der Konfirmation im ‚Pasterhus tau Gürlitz'. Die Handlung ist hier sehr sentimental angelegt.

Der Höhepunkt dieser Handlung findet sich erst im 30. und 31. Kapitel als Hawermann den Antrag von Franz für Luise endlich annehmen kann. Der Höhepunkt fällt mit der

Kriminalhandlung zusammen. Zwischen dem Beginn der Handlung und 30. und 31. Kapitel gibt es lediglich kleinere Andeutungen.

3.3 Axel-Pomuchelskopp – Handlung

Im 4. Kapitel beginnt diese Handlung, Axel von Rambow leiht sich Geld von Slus'uhr. Dann zieht sich die Handlung durch die ganzen drei Bücher. Die Daumenschrauben des Kleeblatts ziehen sich nach und nach immer fester, bis Axel schließlich verzweifelt nach Geld bettelt und seine Frau zu Hause die Wahrheit über das Unglück erfährt. Sie findet dann den Weg zu den wahren Freunden und kann mit Hilfe von diesen das Gut Pümpelhagen retten, was im 44. und 45. Kapitel auch den Höhepunkt dieser Handlung darstellt.

3.4 Kriminalhandlung

Beginn der Kriminalhandlung ist im 24. Kapitel, durch den Verlust der 2000 Taler. Im 25. Kapitel verdächtigt Pomuchelskopp gegenüber Axel von Rambow das Hawermann damit zu tun hat. Diese List geht jedoch erst im 30. und 31. Kapitel auf und endet im offenen Streit zwischen Axel und Hawermann. Im Verlauf des 39. und 40. Kapitels kommt dann die Wahrheit zu Tage, die Hawermann entlastet.

4. Zum Werk

Reuter neigt dazu, einzelne Kapitel, trotz der Notwendigkeit den Gesamtzusammenhang zu wahren, zu eigenständigen Geschichten zu erheben. Die Kapitel haben alle eine eigene Überschrift und sind im Vergleich zur Franzosentid und der Festungstid fast doppelt so lang. Teilweise bilden zwei Kapitel eine erzählerische Einheit.

Viele Leser sehen aber in einigen Kapiteln des Gesamtwerks erzählerische Schwachstellen, wie z.B. die hochdeutschen Dialoge (Bsp.: 16. Kapitel: Gespräch zwischen Frida von Rambow und Hawermann), sie finden die hochdeutschen Dialoge wirken aufgeputzt.

Der Gegensatz von Gesellschaftskritik und literarischer Harmonisierung im Gehalt des Werkes setzt sich auf der Ebene der Figurengestaltung und der Komposition als Gegensatz von realistischer Epik und vordergründiger Belletristik fort. Reuter verwendete Spannungsmomente und Effekte des Kriminalromans, Elemente der volkstümlichen Erzählkunst (lockere Verknüpfung der Episoden) aber auch Bestandteile der modischen bürgerlichen Unterhaltungsbelletristik.

5. Die Figuren

Am schönsten entfalten sich Reuters literarische Fähigkeiten bei der Darstellung der ländlichen Mittelschicht, der bürgerlichen Landbevölkerung, die Inspektoren, Pächter und Pastoren. Was nicht verwundert, denn genau dieses Leben hatte er selbst geführt. Vor allem Hawermann und Bräsig verkörpern Reuters Menschen- und Menschlichkeitsideal, sie sind als literarische Verwandlung seines eigenen Ichs anzusehen.

5.1 Zacharias ‚Unkel' Bräsig

Man merkt Reuters Werken die Freude an der Schilderung von Ulk- und Komiksituationen an, sie sind sozusagen das Salz in der Suppe. In der Stromtid sind diese Situationen fast immer mit Bräsig verbunden.

Aber Bräsig taucht schon viel früher bei Reuter auf. Das erste Mal in seinem Unterhaltungsblatt, hier in der Form von Briefen an den Herausgeber. Das Bild des ‚immerirten Entspekters' hat sich in der Zeit zwischen dem Unterhaltungsblatt und der Stromtid entscheidend vertieft. Erst noch mit inhaltlich unbedeutenden, aber durch ihr Missingsch belustigenden Briefen und dann Freund und Helfer in allen Situationen in der Stromtid. Reuter sagte einmal, dass Bräsig sehr wohl um das Fehlerhafte seiner Rede weiß, aber er hat es sich nun einmal angewöhnt.

Reuter sah, dass in dieser Figur ein entwicklungsfähiger Keim steckte, er trug sich sogar mit dem Gedanken Bräsigs Memoiren zu schreiben, blieb jedoch schon im 1. Kapitel stecken. In ‚Schurr-Murr' erscheinen dann die ‚Abendteuer des Entspekter Bräsig', hier erzählt er selbst von seinen Schicksalen in Berlin. Hier fehlt Bräsig jedoch die Tiefe, er ist lediglich der leidende Held einer Posse.

In der ‚Stromtid' tritt uns dann ein anderer Bräsig entgegen „ein missingscher Kopf und ein goldenes Herz, ein unvergängliches Menschenbild, ebenso typisch wie originell, ebenso durchsichtig wie unergründlich".[1] Reuter macht Bräsig im großen und ganzen zum Sprecher seiner eigenen Weltanschauung.

Bräsig neigt dazu, ernsthafte Situationen durch Komik zunächst zu verdecken, in gefährlichen Situationen weicht diese Komik einem hohen Ernst und Bräsig spricht plötzlich ein nahezu perfektes Hochdeutsch: 46. Kapitel: Bräsig tritt gegen Axel von Rambow auf, der sich gerade umbringen will

[...], denn lägen Sie mit en Loch in den Kopf als en abscheuliches Beispiel, und wenn Sie denn vor den Thron Gottes gekommen wären, dann hätte unser Herrgott zu Ihnen gesagt, Hans Narr! Du weißt nicht, was in dieser Nacht deine liebe gnädige Frau getan hat, und der Herr

---

[1] Wessling: 1978, 295

Inspektor Hawermann und die Madam Nüßlern und die Frau Pastern und Moses und – und

die andern, [...]

Bräsig hat offenbar ein schweres Lebensschicksal gehabt, was zwar nicht beschrieben wird, sich aber in der Persönlichkeit dieser Figur widerspiegelt. Wegen seiner abnormen Hässlichkeit wurde er wohl von Mitschülern früher immer gehänselt und er hat auch nie geheiratet. Seine hoffnungslose Liebe zu Hawermanns Schwester ließ er nie wirklich offenbar werden. Er erwähnt Hawermann gegenüber nur einmal, dass er drei Bräute hatte, von denen eine Dürten war. Aber aufgrund widriger Umstände konnte er seine Werbung nicht anbringen, denn sein Arbeitgeber wollte keinen verheirateten Gutsinspektor. Am Sterbebett spricht er dann zu Dürten Nüßler, die seine Gefühle gekannt und wohl auch erwidert hat. Dieser Frau und ihrer Familie war er immer treu.

Außerdem litt er am ‚Podagra' und besuchte deswegen oft das Wasserheilbad Stuer, das auch Reuter selbst wegen seinem Rheumatismus oft besucht hatte.

5.2 Karl Hawermann

Er ist die erste Person, die dem Leser im Roman vorgestellt wird, ist jedoch nicht die wirkliche Hauptperson des Romans. Im Gegensatz zu Bräsig ist die Figur weniger plastisch und originell. Hawermann ist ruhig-besonnen und ein ordentlicher und fleißiger Mann, der seinen Beruf sehr ernst nimmt, er ist ehrenhaft, treu und verlässlich. Er ist sogar so in tiefster Seele treu, dass er diese einem Dienstherrn, der sie gar nicht verdient hat, schenkt.

Als Axel von Rambow ihn des Betruges bezichtigt, zeigt sich aber auch große Gefühlserregung, da es hier um seine Ehre geht.

5.3 Pomuchelskopp

Im Verlauf der Handlung tritt er als ein scharf profilierte Figur und als Hauptrepräsentant der „anderen Seite" auf, die den guten, ehrbaren und ordentlichen Menschen durch Habgier, Bosheit und Halsabschneiderei das Leben schwer macht. Er ist die in der Handlung am stärksten hervortretende Personifizierung des Gemeinen, Negativen.

Auch er spricht oft falsches Deutsch, aber im Gegensatz zu Bräsig entstammt sein fehlerhaftes Deutsch reiner Unwissenheit, es sind sprachliche Schnitzer.

Pomuchelskopp ist hart und knauserig gegenüber seinen Tagelöhnern, so dass diese schon teilweise Hunger leiden müssen. Die Charakterisierung des Bösen wird bei dieser Figur jedoch nicht auf die Spitze getrieben, sondern eher mitleidig belächelt und so angelegt, dass die bösen Absichten letzten Endes doch scheitern müssen.

5.4 Die Tagelöhner

Obwohl sie nicht im Zentrum der Ereignisse stehen und zumeist in größeren Scharen auftreten bedeuten sie für den Roman mehr als ein sozialer Hintergrund. Reuter macht sowohl das Elend wie aber auch die soziale Dynamik dieser Klasse sichtbar und spürbar.

In den ersten Teilen erscheinen sie als anonyme Masse, und wenn sie einzeln auftreten, dann nur als gesichtslose Figuren. Über den Massenszenen liegt meist eine humoristische Sympathie. Es sind meist die Partien, in der die Dorfbewohner mit ihrem gesunden Menschenverstand staunend und kopfschüttelnd die neumodischen Unsinnigkeiten ihrer Herren in Augenschein nehmen (Wagen von Pomuchelskopp, Wappen von Axel von Rambow). Reuter macht sich hier die trockene, naive Ironie des Volksmunds zunutze, um das unverstellte Urteilsvermögen der kleinen Leute über die scheinbaren Bildungsfinessen der Oberschicht triumphieren zu lassen.

Literatur - und Quellenverzeichnis

Batt, Kurt: Fritz Reuter – Leben und Werk, VEB Hinstorff Verlag, Rostock, 1967; gleichzeitig erschienen als Band 9 der „Gesammelte Werke und Briefe Fritz Reuters".

Frey, Barbara: Zwillinge und Zwillingsmythen in der Literatur. Frankfurt/Main: IKO-Verlag 2006

Reuter, Fritz: Das Leben auf dem Lande, DTV, München, 1977.

Reuter, Fritz: Ut mine Stromtid In: Reuter, Fritz: Sämtliche Werke in sechs Bänden, U. Foersters Verlag, Leipzig 1935, Band 3 und 4

Schultz, Martin: Fritz Reuter – Der lange Weg, Altstadt Verlag Rostock, 1996.

Wessling, Berndt W.(Hg.): Das große Fritz Reuter Buch, Piper & Co., München 1978.